THIS NOTEBOOK — JOURNAL BELONGS TO:

_____

Best Team Ever!

Teamwork is Our Strength

"Believe in miracles but above all believe in yourself!"

Date: /   /

THINGS TO DO

DATE:___/___/___

- [ ]
- [ ]
- [ ]
- [ ]
- [ ]
- [ ]
- [ ]
- [ ]
- [ ]
- [ ]
- [ ]
- [ ]
- [ ]
- [ ]
- [ ]
- [ ]
- [ ]
- [ ]

TOP PRIORITIES TODAY

1. _____
2. _____
3. _____

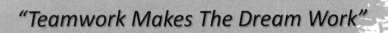

"Teamwork Makes The Dream Work"

Date: /   /

_____

_____
_____
_____
_____
_____
_____
_____
_____
_____
_____
_____
_____
_____
_____
_____
_____
_____

THINGS TO BE GRATEFUL FOR TODAY

THINGS TO DO

DATE:___/___/___

- [ ] _____
- [ ] _____
- [ ] _____
- [ ] _____
- [ ] _____
- [ ] _____
- [ ] _____
- [ ] _____
- [ ] _____
- [ ] _____
- [ ] _____
- [ ] _____
- [ ] _____
- [ ] _____
- [ ] _____
- [ ] _____
- [ ] _____
- [ ] _____
- [ ] _____
- [ ] _____

TOP PRIORITIES TODAY

1. _____
2. _____
3. _____

Date: /   /

THINGS TO BE GRATEFUL FOR TODAY

THINGS TO DO

DATE:___/___/___

- [ ] _____
- [ ] _____
- [ ] _____
- [ ] _____
- [ ] _____
- [ ] _____
- [ ] _____
- [ ] _____
- [ ] _____
- [ ] _____
- [ ] _____
- [ ] _____
- [ ] _____
- [ ] _____
- [ ] _____
- [ ] _____
- [ ] _____
- [ ] _____

TOP PRIORITIES TODAY

1. _____
2. _____
3. _____

"An obstacle is something you see when you take your eyes off the goal" - Anonymous

Date: /   /

_____
_____
_____
_____
_____
_____
_____
_____
_____
_____
_____
_____
_____
_____
_____
_____
_____
_____

THINGS TO BE GRATEFUL FOR TODAY

THINGS TO DO

DATE:___/___/___

- [ ] _____
- [ ] _____
- [ ] _____
- [ ] _____
- [ ] _____
- [ ] _____
- [ ] _____
- [ ] _____
- [ ] _____
- [ ] _____
- [ ] _____
- [ ] _____
- [ ] _____
- [ ] _____
- [ ] _____
- [ ] _____
- [ ] _____
- [ ] _____

TOP PRIORITIES TODAY

1. _____
2. _____
3. _____

"Just one small positive thought in the morning can change your whole day"
- Dalai Lama

Date: / /

THINGS TO BE GRATEFUL FOR TODAY

THINGS TO DO

DATE:___/___/___

- [ ] _____
- [ ] _____
- [ ] _____
- [ ] _____
- [ ] _____
- [ ] _____
- [ ] _____
- [ ] _____
- [ ] _____
- [ ] _____
- [ ] _____
- [ ] _____
- [ ] _____
- [ ] _____
- [ ] _____
- [ ] _____
- [ ] _____
- [ ] _____

TOP PRIORITIES TODAY

1. _____
2. _____
3. _____

Date: /   /

THINGS TO BE GRATEFUL FOR TODAY

THINGS TO DO

DATE:___/___/___

- [ ] _____
- [ ] _____
- [ ] _____
- [ ] _____
- [ ] _____
- [ ] _____
- [ ] _____
- [ ] _____
- [ ] _____
- [ ] _____
- [ ] _____
- [ ] _____
- [ ] _____
- [ ] _____
- [ ] _____
- [ ] _____
- [ ] _____
- [ ] _____

TOP PRIORITIES TODAY

1. _____
2. _____
3. _____

> *"Every great achievement was once impossible"*
> *- Anonymous*

Date: /   /

_____

THINGS TO BE GRATEFUL FOR TODAY

THINGS TO DO

DATE:___/___/___

- [ ] _____
- [ ] _____
- [ ] _____
- [ ] _____
- [ ] _____
- [ ] _____
- [ ] _____
- [ ] _____
- [ ] _____
- [ ] _____
- [ ] _____
- [ ] _____
- [ ] _____
- [ ] _____
- [ ] _____
- [ ] _____
- [ ] _____
- [ ] _____

TOP PRIORITIES TODAY

1. _____
2. _____
3. _____

Date: /   /

_____

_____

_____

_____

_____

_____

_____

_____

_____

_____

_____

_____

_____

_____

_____

_____

_____

_____

_____

_____

THINGS TO BE GRATEFUL FOR TODAY

THINGS TO DO

DATE:___/___/___

- [ ] _____
- [ ] _____
- [ ] _____
- [ ] _____
- [ ] _____
- [ ] _____
- [ ] _____
- [ ] _____
- [ ] _____
- [ ] _____
- [ ] _____
- [ ] _____
- [ ] _____
- [ ] _____
- [ ] _____
- [ ] _____
- [ ] _____
- [ ] _____

TOP PRIORITIES TODAY

1. _____
2. _____
3. _____

"When life gives you lemons, add a little gin and tonic"

Date: /   /

_____
_____
_____
_____
_____
_____
_____
_____
_____
_____
_____
_____
_____
_____
_____
_____
_____
_____
_____

THINGS TO BE GRATEFUL FOR TODAY

THINGS TO DO

DATE:___/___/___

- [ ]
- [ ]
- [ ]
- [ ]
- [ ]
- [ ]
- [ ]
- [ ]
- [ ]
- [ ]
- [ ]
- [ ]
- [ ]
- [ ]
- [ ]
- [ ]
- [ ]
- [ ]

TOP PRIORITIES TODAY

1. _____
2. _____
3. _____

"When you feel you are defeated, just remember, you have the power to move on, it is all in your mind"

Date: /   /

THINGS TO BE GRATEFUL FOR TODAY

THINGS TO DO

DATE:___/___/___

- [ ] _____
- [ ] _____
- [ ] _____
- [ ] _____
- [ ] _____
- [ ] _____
- [ ] _____
- [ ] _____
- [ ] _____
- [ ] _____
- [ ] _____
- [ ] _____
- [ ] _____
- [ ] _____
- [ ] _____
- [ ] _____
- [ ] _____

TOP PRIORITIES TODAY

1. _____
2. _____
3. _____

"Opportunity comes to those who never give up"

Date: /   /

THINGS TO BE GRATEFUL FOR TODAY

THINGS TO DO

DATE:___/___/___

- [ ] _____
- [ ] _____
- [ ] _____
- [ ] _____
- [ ] _____
- [ ] _____
- [ ] _____
- [ ] _____
- [ ] _____
- [ ] _____
- [ ] _____
- [ ] _____
- [ ] _____
- [ ] _____
- [ ] _____
- [ ] _____
- [ ] _____
- [ ] _____

TOP PRIORITIES TODAY

1. _____
2. _____
3. _____

"Kindness is the oil that takes the friction out of life"
- Anonymous

Date: /   /

THINGS TO BE GRATEFUL FOR TODAY

THINGS TO DO

DATE:___/___/___

- [ ] _____
- [ ] _____
- [ ] _____
- [ ] _____
- [ ] _____
- [ ] _____
- [ ] _____
- [ ] _____
- [ ] _____
- [ ] _____
- [ ] _____
- [ ] _____
- [ ] _____
- [ ] _____
- [ ] _____
- [ ] _____
- [ ] _____
- [ ] _____

TOP PRIORITIES TODAY

1. _____
2. _____
3. _____

"Every achievement starts with a dream and a goal in mind"

Date: / /

THINGS TO BE GRATEFUL FOR TODAY

THINGS TO DO

DATE:___/___/___

- [ ] _____
- [ ] _____
- [ ] _____
- [ ] _____
- [ ] _____
- [ ] _____
- [ ] _____
- [ ] _____
- [ ] _____
- [ ] _____
- [ ] _____
- [ ] _____
- [ ] _____
- [ ] _____
- [ ] _____
- [ ] _____
- [ ] _____
- [ ] _____

TOP PRIORITIES TODAY

1. _____
2. _____
3. _____

Date: /   /

THINGS TO BE GRATEFUL FOR TODAY

THINGS TO DO

DATE:___/___/___

- [ ] _____
- [ ] _____
- [ ] _____
- [ ] _____
- [ ] _____
- [ ] _____
- [ ] _____
- [ ] _____
- [ ] _____
- [ ] _____
- [ ] _____
- [ ] _____
- [ ] _____
- [ ] _____
- [ ] _____
- [ ] _____
- [ ] _____
- [ ] _____
- [ ] _____

TOP PRIORITIES TODAY

1. _____
2. _____
3. _____

"Dreams are the energy that power your life"

Date: /   /

THINGS TO BE GRATEFUL FOR TODAY

THINGS TO DO

DATE:___/___/___

- [ ] _____
- [ ] _____
- [ ] _____
- [ ] _____
- [ ] _____
- [ ] _____
- [ ] _____
- [ ] _____
- [ ] _____
- [ ] _____
- [ ] _____
- [ ] _____
- [ ] _____
- [ ] _____
- [ ] _____
- [ ] _____
- [ ] _____
- [ ] _____
- [ ] _____

TOP PRIORITIES TODAY

1. _____
2. _____
3. _____

Date: /   /

THINGS TO BE GRATEFUL FOR TODAY

THINGS TO DO

DATE:___/___/___

- [ ]
- [ ]
- [ ]
- [ ]
- [ ]
- [ ]
- [ ]
- [ ]
- [ ]
- [ ]
- [ ]
- [ ]
- [ ]
- [ ]
- [ ]
- [ ]
- [ ]
- [ ]

TOP PRIORITIES TODAY

1. _____
2. _____
3. _____

> *"Everything you dream is possible as long as you believe in yourself"*

Date: /   /

_____

_____

_____

_____

_____

_____

_____

_____

_____

_____

_____

_____

_____

_____

_____

_____

_____

_____

_____

_____

_____

THINGS TO BE GRATEFUL FOR TODAY

THINGS TO DO

DATE:___/___/___

TOP PRIORITIES
TODAY

1. _____
2. _____
3. _____

"A successful person is someone that understands temporary defeat as a learning process, never give up!"

Date: /   /

_____

_____

_____

_____

_____

_____

_____

_____

_____

_____

_____

_____

_____

_____

_____

_____

_____

_____

_____

THINGS TO BE GRATEFUL FOR TODAY

THINGS TO DO

DATE:___/___/___

- [ ] _____
- [ ] _____
- [ ] _____
- [ ] _____
- [ ] _____
- [ ] _____
- [ ] _____
- [ ] _____
- [ ] _____
- [ ] _____
- [ ] _____
- [ ] _____
- [ ] _____
- [ ] _____
- [ ] _____
- [ ] _____
- [ ] _____
- [ ] _____

TOP PRIORITIES TODAY

1. _____
2. _____
3. _____

Date: /   /

THINGS TO BE GRATEFUL FOR TODAY

THINGS TO DO

DATE:___/___/___

☐ _____
☐ _____
☐ _____
☐ _____
☐ _____
☐ _____
☐ _____
☐ _____
☐ _____
☐ _____
☐ _____
☐ _____
☐ _____
☐ _____
☐ _____
☐ _____
☐ _____
☐ _____

TOP PRIORITIES TODAY

1. _____
2. _____
3. _____

Date: / /

THINGS TO BE GRATEFUL FOR TODAY

THINGS TO DO

DATE:___/___/___

- [ ] _____
- [ ] _____
- [ ] _____
- [ ] _____
- [ ] _____
- [ ] _____
- [ ] _____
- [ ] _____
- [ ] _____
- [ ] _____
- [ ] _____
- [ ] _____
- [ ] _____
- [ ] _____
- [ ] _____
- [ ] _____
- [ ] _____
- [ ] _____

TOP PRIORITIES TODAY

1. _____
2. _____
3. _____

"Be brave, fight for what you believe in and make your dreams a reality." - Anonymous

Date: /   /

THINGS TO BE GRATEFUL FOR TODAY

THINGS TO DO

DATE:___/___/___

- [ ] _____
- [ ] _____
- [ ] _____
- [ ] _____
- [ ] _____
- [ ] _____
- [ ] _____
- [ ] _____
- [ ] _____
- [ ] _____
- [ ] _____
- [ ] _____
- [ ] _____
- [ ] _____
- [ ] _____
- [ ] _____
- [ ] _____
- [ ] _____

TOP PRIORITIES TODAY

1. _____
2. _____
3. _____

"Let your dreams be bigger than your fears and your actions louder than your words." - Anonymous

Date: /   /
_____

_____

_____

_____

_____

_____

_____

_____

_____

_____

_____

_____

_____

_____

_____

_____

_____

_____

_____

_____

THINGS TO BE GRATEFUL FOR TODAY

THINGS TO DO

DATE:___/___/___

- [ ] _____
- [ ] _____
- [ ] _____
- [ ] _____
- [ ] _____
- [ ] _____
- [ ] _____
- [ ] _____
- [ ] _____
- [ ] _____
- [ ] _____
- [ ] _____
- [ ] _____
- [ ] _____
- [ ] _____
- [ ] _____
- [ ] _____
- [ ] _____
- [ ] _____

TOP PRIORITIES TODAY

1. _____
2. _____
3. _____

"Start every day with a goal in mind and make it happen with your actions"

Date: / /

THINGS TO BE GRATEFUL FOR TODAY

THINGS TO DO

DATE:___/___/___

☐ _____
☐ _____
☐ _____
☐ _____
☐ _____
☐ _____
☐ _____
☐ _____
☐ _____
☐ _____
☐ _____
☐ _____
☐ _____
☐ _____
☐ _____
☐ _____
☐ _____
☐ _____

TOP PRIORITIES TODAY

1. _____
2. _____
3. _____

Date: /   /

THINGS TO BE GRATEFUL FOR TODAY

THINGS TO DO

DATE:___/___/___

- [ ] _____
- [ ] _____
- [ ] _____
- [ ] _____
- [ ] _____
- [ ] _____
- [ ] _____
- [ ] _____
- [ ] _____
- [ ] _____
- [ ] _____
- [ ] _____
- [ ] _____
- [ ] _____
- [ ] _____
- [ ] _____
- [ ] _____
- [ ] _____

TOP PRIORITIES TODAY

1. _____
2. _____
3. _____

"Difficulties are nothing more than opportunities in disguise, keep on trying and you will succeed"

Date: /   /

THINGS TO BE GRATEFUL FOR TODAY

THINGS TO DO

DATE:___/___/___

- [ ] _____
- [ ] _____
- [ ] _____
- [ ] _____
- [ ] _____
- [ ] _____
- [ ] _____
- [ ] _____
- [ ] _____
- [ ] _____
- [ ] _____
- [ ] _____
- [ ] _____
- [ ] _____
- [ ] _____
- [ ] _____
- [ ] _____
- [ ] _____

TOP PRIORITIES TODAY

1. _____
2. _____
3. _____

"Always have a powerful reason to wake up every new morning, set goals and follow your dreams"

Date: / /

_____
_____
_____
_____
_____
_____
_____
_____
_____
_____
_____
_____
_____
_____
_____
_____
_____
_____

THINGS TO BE GRATEFUL FOR TODAY

THINGS TO DO

DATE:___/___/___

☐ _____
☐ _____
☐ _____
☐ _____
☐ _____
☐ _____
☐ _____
☐ _____
☐ _____
☐ _____
☐ _____
☐ _____
☐ _____
☐ _____
☐ _____
☐ _____
☐ _____
☐ _____
☐ _____

TOP PRIORITIES TODAY

1. _____
2. _____
3. _____

Date: /   /

THINGS TO BE GRATEFUL FOR TODAY

THINGS TO DO

DATE:___/___/___

- [ ] _____
- [ ] _____
- [ ] _____
- [ ] _____
- [ ] _____
- [ ] _____
- [ ] _____
- [ ] _____
- [ ] _____
- [ ] _____
- [ ] _____
- [ ] _____
- [ ] _____
- [ ] _____
- [ ] _____
- [ ] _____
- [ ] _____
- [ ] _____

TOP PRIORITIES TODAY

1. _____
2. _____
3. _____

"Have faith in the future but above all in yourself"

Date: /   /

_____

THINGS TO BE GRATEFUL FOR TODAY

THINGS TO DO

DATE:___/___/___

- [ ] _____
- [ ] _____
- [ ] _____
- [ ] _____
- [ ] _____
- [ ] _____
- [ ] _____
- [ ] _____
- [ ] _____
- [ ] _____
- [ ] _____
- [ ] _____
- [ ] _____
- [ ] _____
- [ ] _____
- [ ] _____
- [ ] _____
- [ ] _____

TOP PRIORITIES TODAY

1. _____
2. _____
3. _____

Date: /   /

THINGS TO BE GRATEFUL FOR TODAY

THINGS TO DO

DATE:___/___/___

- [ ] _____
- [ ] _____
- [ ] _____
- [ ] _____
- [ ] _____
- [ ] _____
- [ ] _____
- [ ] _____
- [ ] _____
- [ ] _____
- [ ] _____
- [ ] _____
- [ ] _____
- [ ] _____
- [ ] _____
- [ ] _____
- [ ] _____
- [ ] _____

TOP PRIORITIES TODAY

1. _____
2. _____
3. _____

Date: /   /

THINGS TO BE GRATEFUL FOR TODAY

THINGS TO DO

DATE:___/___/___

- [ ] _____
- [ ] _____
- [ ] _____
- [ ] _____
- [ ] _____
- [ ] _____
- [ ] _____
- [ ] _____
- [ ] _____
- [ ] _____
- [ ] _____
- [ ] _____
- [ ] _____
- [ ] _____
- [ ] _____
- [ ] _____
- [ ] _____

TOP PRIORITIES TODAY

1. _____
2. _____
3. _____

"Dream – Believe – Achieve"

Date: /   /

THINGS TO BE GRATEFUL FOR TODAY

THINGS TO DO

DATE:___/___/___

- [ ] _____
- [ ] _____
- [ ] _____
- [ ] _____
- [ ] _____
- [ ] _____
- [ ] _____
- [ ] _____
- [ ] _____
- [ ] _____
- [ ] _____
- [ ] _____
- [ ] _____
- [ ] _____
- [ ] _____
- [ ] _____
- [ ] _____
- [ ] _____

TOP PRIORITIES TODAY

1. _____
2. _____
3. _____

"If you want to feel rich, just count all the things you have that money can't buy" — Anonymous

Date: /   /

7THINGS TO BE GRATEFUL FOR TODAY

THINGS TO DO

DATE:___/___/___

1. _____
2. _____
3. _____

"I am never a failure until I begin blaming others"
- Anonymous

Date: /   /

_____

_____

_____

_____

_____

_____

_____

_____

_____

_____

_____

_____

_____

_____

_____

_____

_____

_____

THINGS TO BE GRATEFUL FOR TODAY

THINGS TO DO

DATE:___/___/___

- [ ] _____
- [ ] _____
- [ ] _____
- [ ] _____
- [ ] _____
- [ ] _____
- [ ] _____
- [ ] _____
- [ ] _____
- [ ] _____
- [ ] _____
- [ ] _____
- [ ] _____
- [ ] _____
- [ ] _____
- [ ] _____
- [ ] _____
- [ ] _____

TOP PRIORITIES TODAY

1. _____
2. _____
3. _____

Date: /   /

THINGS TO BE GRATEFUL FOR TODAY

THINGS TO DO

DATE:___/___/___

- [ ]
- [ ]
- [ ]
- [ ]
- [ ]
- [ ]
- [ ]
- [ ]
- [ ]
- [ ]
- [ ]
- [ ]
- [ ]
- [ ]
- [ ]
- [ ]
- [ ]
- [ ]

TOP PRIORITIES TODAY

1. _____
2. _____
3. _____

> *"It's better to have an impossible dream than no dream at all."* – Anonymous

Date: /   /

THINGS TO DO

DATE:___/___/___

- [ ] _____
- [ ] _____
- [ ] _____
- [ ] _____
- [ ] _____
- [ ] _____
- [ ] _____
- [ ] _____
- [ ] _____
- [ ] _____
- [ ] _____
- [ ] _____
- [ ] _____
- [ ] _____
- [ ] _____
- [ ] _____
- [ ] _____
- [ ] _____

TOP PRIORITIES TODAY

1. _____
2. _____
3. _____

Date: /   /

_____

_____

_____

_____

_____

_____

_____

_____

_____

_____

_____

_____

_____

_____

_____

_____

_____

_____

THINGS TO BE GRATEFUL FOR TODAY

THINGS TO DO

DATE:___/___/___

☐ _____
☐ _____
☐ _____
☐ _____
☐ _____
☐ _____
☐ _____
☐ _____
☐ _____
☐ _____
☐ _____
☐ _____
☐ _____
☐ _____
☐ _____
☐ _____
☐ _____

1. _____

TOP PRIORITIES TODAY

2. _____

3. _____

"Don't let yesterday's disappointments, overshadow tomorrow's achievements" — Anonymous

Date: /   /

_____

_____

_____

_____

_____

_____

_____

_____

_____

_____

_____

_____

_____

_____

_____

_____

_____

_____

_____

THINGS TO BE GRATEFUL FOR TODAY

THINGS TO DO

DATE:___/___/___

- [ ] _____
- [ ] _____
- [ ] _____
- [ ] _____
- [ ] _____
- [ ] _____
- [ ] _____
- [ ] _____
- [ ] _____
- [ ] _____
- [ ] _____
- [ ] _____
- [ ] _____
- [ ] _____
- [ ] _____
- [ ] _____
- [ ] _____

TOP PRIORITIES TODAY

1. _____
2. _____
3. _____

> *"Dreams don't come true. Dreams are true"*
> *— Anonymous*

Date: /   /
_____

_____
_____
_____
_____
_____
_____
_____
_____
_____
_____
_____
_____
_____
_____
_____
_____
_____
_____

THINGS TO BE GRATEFUL FOR TODAY

Date: /   /

THINGS TO BE GRATEFUL FOR TODAY

> *"A journey of a thousand miles must begin with a single step."* – Lao Tzu

Date: /   /

_____

_____
_____
_____
_____
_____
_____
_____
_____
_____
_____
_____
_____
_____
_____
_____
_____
_____

THINGS TO BE GRATEFUL FOR TODAY

THINGS TO DO

DATE:___/___/___

- [ ] _____
- [ ] _____
- [ ] _____
- [ ] _____
- [ ] _____
- [ ] _____
- [ ] _____
- [ ] _____
- [ ] _____
- [ ] _____
- [ ] _____
- [ ] _____
- [ ] _____
- [ ] _____
- [ ] _____
- [ ] _____
- [ ] _____
- [ ] _____

TOP PRIORITIES TODAY

1. _____
2. _____
3. _____

"You risk more when you don't take any risks"

Date: /   /

THINGS TO DO

DATE:___/___/___

☐ _____
☐ _____
☐ _____
☐ _____
☐ _____
☐ _____
☐ _____
☐ _____
☐ _____
☐ _____
☐ _____
☐ _____
☐ _____
☐ _____
☐ _____
☐ _____
☐ _____
☐ _____

TOP PRIORITIES TODAY

1. _____
2. _____
3. _____

> *"No dreamer is ever too small; no dream is ever too big."* — Anonymous

Date: /   /

_____

_____

_____

_____

_____

_____

_____

_____

_____

_____

_____

_____

_____

_____

_____

_____

_____

_____

_____

THINGS TO BE GRATEFUL FOR TODAY

THINGS TO DO

DATE:___/___/___

- [ ] _____
- [ ] _____
- [ ] _____
- [ ] _____
- [ ] _____
- [ ] _____
- [ ] _____
- [ ] _____
- [ ] _____
- [ ] _____
- [ ] _____
- [ ] _____
- [ ] _____
- [ ] _____
- [ ] _____
- [ ] _____
- [ ] _____
- [ ] _____

TOP PRIORITIES TODAY

1. _____
2. _____
3. _____

> *"Remember yesterday, dream of tomorrow,*
> *but live for today"* — Anonymous

Date: /   /

THINGS TO BE GRATEFUL FOR TODAY

THINGS TO DO

DATE:___/___/___

1. _____

2. _____

3. _____

Date: /   /

THINGS TO BE GRATEFUL FOR TODAY

THINGS TO DO

DATE:___/___/___

- [ ] _____
- [ ] _____
- [ ] _____
- [ ] _____
- [ ] _____
- [ ] _____
- [ ] _____
- [ ] _____
- [ ] _____
- [ ] _____
- [ ] _____
- [ ] _____
- [ ] _____
- [ ] _____
- [ ] _____
- [ ] _____
- [ ] _____

TOP PRIORITIES TODAY

1. _____
2. _____
3. _____

Date: /   /

THINGS TO BE GRATEFUL FOR TODAY

THINGS TO DO

DATE:___/___/___

- [ ] _____
- [ ] _____
- [ ] _____
- [ ] _____
- [ ] _____
- [ ] _____
- [ ] _____
- [ ] _____
- [ ] _____
- [ ] _____
- [ ] _____
- [ ] _____
- [ ] _____
- [ ] _____
- [ ] _____
- [ ] _____
- [ ] _____
- [ ] _____
- [ ] _____

TOP PRIORITIES TODAY

1. _____
2. _____
3. _____

"You create your life by following your dreams with decisive actions"

Date: / /

THINGS TO BE GRATEFUL FOR TODAY

THINGS TO DO

DATE:___/___/___

- [ ] _____
- [ ] _____
- [ ] _____
- [ ] _____
- [ ] _____
- [ ] _____
- [ ] _____
- [ ] _____
- [ ] _____
- [ ] _____
- [ ] _____
- [ ] _____
- [ ] _____
- [ ] _____
- [ ] _____
- [ ] _____
- [ ] _____
- [ ] _____

TOP PRIORITIES TODAY

1. _____
2. _____
3. _____

"Difficult roads often lead to beautiful destinations"

Date: /   /

_____

_____

_____

_____

_____

_____

_____

_____

_____

_____

_____

_____

_____

_____

_____

_____

_____

_____

_____

_____

THINGS TO BE GRATEFUL FOR TODAY

THINGS TO DO

DATE:___/___/___

☐ _____
☐ _____
☐ _____
☐ _____
☐ _____
☐ _____
☐ _____
☐ _____
☐ _____
☐ _____
☐ _____
☐ _____
☐ _____
☐ _____
☐ _____
☐ _____
☐ _____
☐ _____
☐ _____

TOP PRIORITIES TODAY

1. _____
2. _____
3. _____

"Believe in yourself and you will be unstoppable"

Date: / /

THINGS TO BE GRATEFUL FOR TODAY

THINGS TO DO

DATE:___/___/___

☐ _____

☐ _____

☐ _____

☐ _____

☐ _____

☐ _____

☐ _____

☐ _____

☐ _____

☐ _____

☐ _____

☐ _____

☐ _____

☐ _____

☐ _____

☐ _____

☐ _____

☐ _____

1. _____

TOP PRIORITIES TODAY

2. _____

3. _____

Date: / /

_____

_____

_____

_____

_____

_____

_____

_____

_____

_____

_____

_____

_____

_____

_____

_____

_____

_____

THINGS TO BE GRATEFUL FOR TODAY

THINGS TO DO

DATE:___/___/___

- [ ]
- [ ]
- [ ]
- [ ]
- [ ]
- [ ]
- [ ]
- [ ]
- [ ]
- [ ]
- [ ]
- [ ]
- [ ]
- [ ]
- [ ]
- [ ]
- [ ]
- [ ]

TOP PRIORITIES TODAY

1. _____
2. _____
3. _____

Date: /   /

_____

_____
_____
_____
_____
_____
_____
_____
_____
_____
_____
_____
_____
_____
_____
_____
_____
_____

THINGS TO BE GRATEFUL FOR TODAY

THINGS TO DO

DATE:___/___/___

- [ ] _____
- [ ] _____
- [ ] _____
- [ ] _____
- [ ] _____
- [ ] _____
- [ ] _____
- [ ] _____
- [ ] _____
- [ ] _____
- [ ] _____
- [ ] _____
- [ ] _____
- [ ] _____
- [ ] _____
- [ ] _____
- [ ] _____
- [ ] _____

TOP PRIORITIES TODAY

1. _____
2. _____
3. _____

Date: / /

_____
_____
_____
_____
_____
_____
_____
_____
_____
_____
_____
_____
_____
_____
_____
_____
_____
_____

THINGS TO BE GRATEFUL FOR TODAY

THINGS TO DO

DATE:___/___/___

- [ ] _____
- [ ] _____
- [ ] _____
- [ ] _____
- [ ] _____
- [ ] _____
- [ ] _____
- [ ] _____
- [ ] _____
- [ ] _____
- [ ] _____
- [ ] _____
- [ ] _____
- [ ] _____
- [ ] _____
- [ ] _____
- [ ] _____
- [ ] _____

TOP PRIORITIES TODAY

1. _____
2. _____
3. _____

Date: /   /

_____

_____

_____

_____

_____

_____

_____

_____

_____

_____

_____

_____

_____

_____

_____

_____

_____

THINGS TO BE GRATEFUL FOR TODAY

THINGS TO DO

DATE:___/___/___

☐ _____

☐ _____

☐ _____

☐ _____

☐ _____

☐ _____

☐ _____

☐ _____

☐ _____

☐ _____

☐ _____

☐ _____

☐ _____

☐ _____

☐ _____

☐ _____

☐ _____

☐ _____

TOP PRIORITIES TODAY

1. _____

2. _____

3. _____

Date: /   /

THINGS TO BE GRATEFUL FOR TODAY

THINGS TO DO

DATE:___/___/___

- [ ] _____
- [ ] _____
- [ ] _____
- [ ] _____
- [ ] _____
- [ ] _____
- [ ] _____
- [ ] _____
- [ ] _____
- [ ] _____
- [ ] _____
- [ ] _____
- [ ] _____
- [ ] _____
- [ ] _____
- [ ] _____
- [ ] _____
- [ ] _____

TOP PRIORITIES TODAY

1. _____
2. _____
3. _____

"Never Ever Give Up!"

Date: /   /

_____

_____

_____

_____

_____

_____

_____

_____

_____

_____

_____

_____

_____

_____

_____

_____

_____

_____

_____

_____

_____

_____

THINGS TO BE GRATEFUL FOR TODAY

CREATIVE JOURNALS
FACTORY

We hope you liked your journal – notebook,
please let us know if you liked it by writing a
review, it means a lot to us.

Thank you!

DESIGNED BY Creative PositivePress FOR:

CREATIVE JOURNALS FACTORY

Made in the USA
Middletown, DE
05 September 2022

73264364R00064